LEE

CON LETRA MAYÚSCULA, CURSIVA Y DE IMPRENTA

BRUJA

bruja

bruja

VASO

vaso

vaso

BAMBA

bamba

bamba

VACA

vaca

vaca

BARCA

barca

barca

VOLCÁN

volcán

volcán

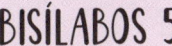
BISÍLABOS 5

PARTE 1

PARTE 2

MEMORIZA

SI PUEDES, BUSCA UNA PAREJA CON LA QUE JUGAR

MEMORIZA EL ORDEN DE LOS DIBUJOS

  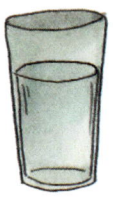

MEMORIZA EL ORDEN DE LAS PALABRAS

VACA — BRUJA — VOLCÁN

CIERRA LOS OJOS Y DIBUJA CON EL DEDO LA PALABRA

VASO

CIERRA LOS OJOS Y DELETREA LA PALABRA

BAMBA

CIERRA LOS OJOS Y DELETREA AL REVÉS LA PALABRA

BRUJA

 CONTESTA

ESCRIBE CUÁNTAS LETRAS TIENE CADA PALABRA

VACA

VOLCÁN

¿CUÁL ES LA PRIMERA LETRA?

BAMBA

VASO

¿CUÁL ES LA TERCERA LETRA?

BRUJA

BARCA

PINTA

LAS LETRAS QUE **NO** FORMAN PARTE DE LA PALABRA

B	G	R	U	T	J	A

B	V	I	A	H	C	A

B	V	I	A	R	C	A

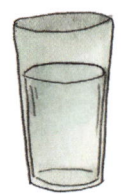

L	V	A	R	S	P	O

B	R	A	M	J	B	A

B	V	O	L	C	Á	N

 LEE

Y MARCA LA PALABRA CORRECTA

 JURBA

BRUJA

 bruja

jurba

 VACA

CAVA

 cava

vaca

 RACAB

BARCA

 racab

barca

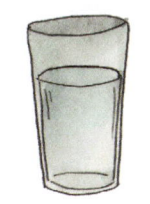 VASO

AVOS

 vaso

avos

 BAMBA

ABAMB

 bamba

abamb

 NÁLVOC

VOLCÁN

 volcán

nálvoc

🔍 ¡ENCUENTRA A LAS INTRUSAS!

✅ MARCA LAS PALABRAS QUE **NO** QUIERAN DECIR NADA

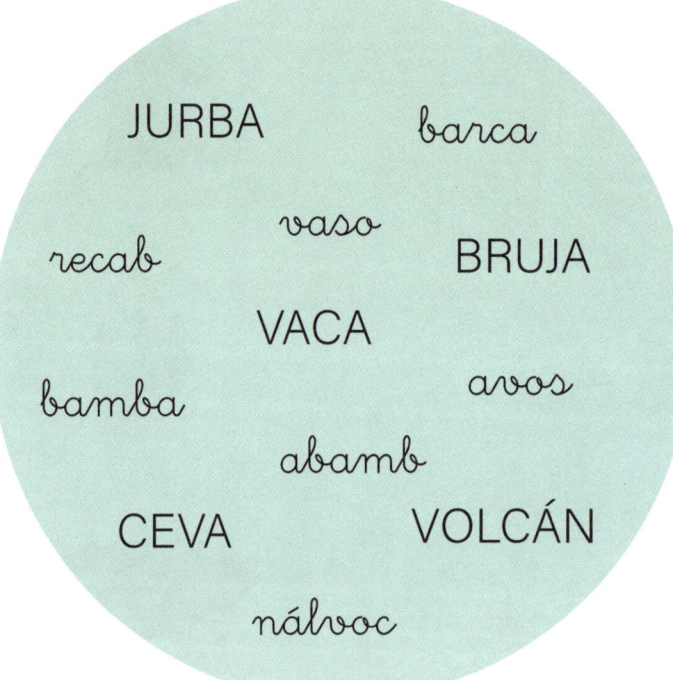

JURBA

barca

vaso

recab

BRUJA

VACA

bamba

avos

abamb

CEVA

VOLCÁN

nálvoc

 COMPLETA

CON LAS LETRAS QUE FALTAN

 BRU___A    BAR___A    BAM___A

 ___ACA    V___SO    VOLCÁ___

6

 COPIA

LA PALABRA ENTERA

BRUJA _____   bruja _____

VACA _____   vaca _____

BARCA _____   barca _____

VASO _____   vaso _____

BAMBA _____   bamba _____

VOLCÁN _____   volcán _____

RELACIONA

LA BRUJA	la bamba	el volcán
LA VACA	la barca	la bamba
LA BARCA	el vaso	el vaso
EL VASO	la vaca	la barca
LA BAMBA	el volcán	la vaca
EL VOLCÁN	la bruja	la bruja

ESCRIBE LOS PLURALES...

LA BRUJA	LAS BRUJAS
LA VACA	
LA BARCA	
EL VASO	

COPIA Y DIBUJA
LA PALABRA ENTERA

LA BRUJA

_____

LA VACA

_____

LA BARCA

_____

EL VASO

_____

LA BAMBA

_____

EL VOLCÁN

_____

✅ LEE Y CONTESTA SÍ O NO ❌

ES UN VOLCÁN ▢

ES UNA BRUJA ▢

ES UNA BAMBA ▢

ES UN VASO ▢

ES UN VASO ▢

ES UNA BARCA ▢

 RODEA LA RESPUESTA

¿CUÁNTAS FRASES ESTABAN MAL?

1   2   3   4   5   6

COMPRENSIÓN LECTORA

LA BRUJA VUELA CON UNA ESCOBA.

La bruja vuela con una escoba.

¿QUIÉN VUELA CON UNA ESCOBA?_____

LA LECHE SALE DE LA VACA.

La leche sale de la vaca.

¿DE DÓNDE SALE LA LECHE?_____

LA BARCA NAVEGA POR EL MAR.

La barca navega por el mar.

¿QUÉ NAVEGA POR EL MAR?_____

RESUELVE LA SOPA DE LETRAS

Encuentra las 6 palabras escondidas

	1	2	3	4	5	6	7
A	B	A	M	B	A	E	T
B	V	R	S	T	A	T	B
C	O	R	U	C	H	A	A
D	L	V	A	J	B	E	R
E	C	V	A	C	A	M	C
F	Á	O	N	M	J	A	A
G	N	B	V	A	S	O	R

¿QUÉ LETRA SE ENCUENTRA EN LA COORDENADA...?

G-4 LA LETRA A

5-D LA LETRA _____

B-7 LA LETRA _____

C-6 LA LETRA _____

 # LEE

CON LETRA MAYÚSCULA, CURSIVA Y DE IMPRENTA

GATO

gato

gato

JARDÍN

jardín

jardín

JERSEY

jersey

jersey

GOTA

gota

gota

GALLO

gallo

gallo

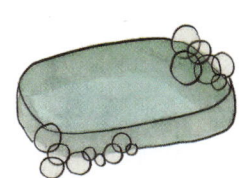
JABÓN

jabón

jabón

BISÍLABOS 6

PARTE 1

PARTE 2

 # MEMORIZA

SI PUEDES, BUSCA UNA PAREJA CON LA QUE JUGAR

MEMORIZA EL ORDEN DE LOS DIBUJOS

   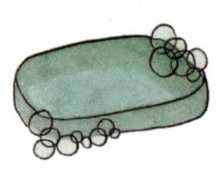

MEMORIZA EL ORDEN DE LAS PALABRAS

JERSEY   GOTA   JABÓN

CIERRA LOS OJOS Y DIBUJA CON EL DEDO
LA PALABRA

GATO

CIERRA LOS OJOS Y DELETREA LA PALABRA

GALLO

CIERRA LOS OJOS Y DELETREA AL REVÉS
LA PALABRA

JARDÍN

 CONTESTA

JERSEY

GALLO

¿CUÁL ES LA PRIMERA LETRA?

GATO

JABÓN

¿CUÁL ES LA TERCERA LETRA?

JERSEY

GOTA

PINTA

LAS LETRAS QUE **NO** FORMAN PARTE DE LA PALABRA

J G A S T R O

J E F R S E Y

G T A L M L O

J A R D O Í N

G F O D T S A

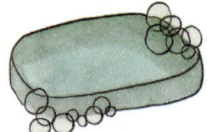

J A R B Ó K N

16

 # LEE

Y MARCA LA PALABRA CORRECTA

TOGA

GATO

toga

gato

JERSEY

REYJES

reyjes

jersey

GALLO

LOGAL

logal

gallo

JARDÍN

DARJÍN

darjín

jardín

TOGA

GOTA

toga

gota

JABÓN

NAJÓB

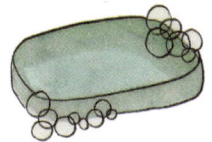
najób

jabón

¡ENCUENTRA A LAS INTRUSAS!

✓ MARCA LAS PALABRAS QUE **NO** QUIERAN DECIR NADA

tiga

jersey

gato

REYJES

logal

gallo

JARDÍN

tiga

darjin

GOTA

jabón

NAJÓB

 COMPLETA

CON LAS LETRAS QUE FALTAN

 ___ATO

 GAL___O

 G___TA

 JERSE___

 ___ARDÍN

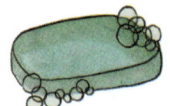 JAB___N

 # COPIA

LA PALABRA ENTERA

 GATO _____ gato _____

 JERSEY _____ jersey _____

 GALLO _____ gallo _____

 JARDÍN _____ jardín _____

 GOTA _____ gota _____

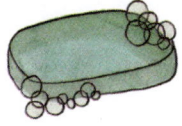 JABÓN _____ jabón _____

RELACIONA

EL GATO	el jabón	el jersey
EL JERSEY	la gota	el gato
EL GALLO	el jardín	el jardín
EL JARDÍN	el gallo	el gallo
LA GOTA	el jersey	la gota
EL JABÓN	el gato	el jabón

 ESCRIBE LOS PLURALES...

EL GATO	LOS GATOS
EL JERSEY	
EL GALLO	
EL JARDÍN	

COPIA Y DIBUJA
LA PALABRA ENTERA

EL GATO

_____

EL JERSEY

_____

EL GALLO

_____

EL JARDÍN

_____

LA GOTA

_____

EL JABÓN

_____

 LEE Y CONTESTA SÍ O NO

 ES UN JARDÍN

 ES UNA GOTA

 ES UNA GOTA

 ES UN GALLO

 ES UN JERSEY

 ES UN GATO

 RODEA LA RESPUESTA

¿CUÁNTAS FRASES ESTABAN MAL?

1   2   3   4   5   6

COMPRENSIÓN LECTORA

EL PERRO JUEGA EN EL JARDÍN.

El perro juega en el jardín.

¿DÓNDE JUEGA EL PERRO?_____

EL JERSEY ES DE LANA.

El jersey es de lana.

¿QUÉ PRENDA DE VESTIR ES DE LANA?_____

EL GATO Y EL GALLO SON AMIGOS.

El gato y el gallo son amigos.

¿QUÉ ANIMALES SON AMIGOS?_____

RESUELVE LA SOPA DE LETRAS

Encuentra las 6 palabras escondidas

	1	2	3	4	5	6	7
A	W	J	A	B	Ó	N	H
B	J	G	K	A	R	D	N
C	E	G	A	T	O	Í	D
D	R	J	E	L	D	E	I
E	S	G	E	R	L	A	L
F	E	N	A	U	G	O	R
G	Y	J	T	A	T	O	G

¿QUÉ LETRA SE ENCUENTRA EN LA COORDENADA...?

G-1 LA LETRA Y

F-7 LA LETRA _____

D-3 LA LETRA _____

A-1 LA LETRA _____

24

 **LEE**

CON LETRA MAYÚSCULA, CURSIVA Y DE IMPRENTA

CASA

casa

casa

CÉSPED

césped

césped

CERDO

cerdo

cerdo

CARTA

carta

carta

CAJA

caja

caja

CEBRA

cebra

cebra

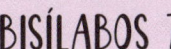 BISÍLABOS 7

PARTE 1   PARTE 2

 # MEMORIZA

SI PUEDES, BUSCA UNA PAREJA CON LA QUE JUGAR

MEMORIZA EL ORDEN DE LOS DIBUJOS

MEMORIZA EL ORDEN DE LAS PALABRAS

CERDO   CAJA   CÉSPED

CIERRA LOS OJOS Y DIBUJA CON EL DEDO LA PALABRA

CEBRA

CIERRA LOS OJOS Y DELETREA LA PALABRA

CARTA

CIERRA LOS OJOS Y DELETREA AL REVÉS LA PALABRA

CERDO

 CONTESTA

ESCRIBE CUÁNTAS LETRAS TIENE CADA PALABRA

CÉSPED

CASA

¿CUÁL ES LA PRIMERA LETRA?

CAJA

CEBRA

¿CUÁL ES LA TERCERA LETRA?

CERDO

CAJA

PINTA

LAS LETRAS QUE **NO** FORMAN PARTE DE LA PALABRA

| C | A | R | J | S | T | A |

| S | C | E | R | T | D | O |

| G | C | A | S | J | T | A |

| C | É | R | S | P | E | D |

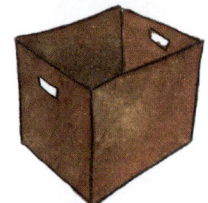

| C | K | A | R | J | S | A |

| Z | C | E | D | B | R | A |

 # LEE

Y MARCA LA PALABRA CORRECTA

ASCA

CASA

casa

asca

DORCE

CERDO

dorce

cerdo

CAJA

JACA

jaca

caja

CÉSPED

DÉSPEC

déspec

césped

CARTA

TARCA

tarca

carta

CEBRA

RECAB

recab

cebra

 # ¡ENCUENTRA A LAS INTRUSAS!

✓ MARCA LAS PALABRAS QUE **NO** QUIERAN DECIR NADA

CASA

asca

DORCE

jaco

CERDO

caja

césped

tarca

despec

CARTA

RACAB

cebra

 COMPLETA

CON LAS LETRAS QUE FALTAN

 C__SA

 __AJA

 CA__TA

 CER__O

 CÉSPE__

 CE__RA

 COPIA

LA PALABRA ENTERA

CASA _____ casa _____

CERDO _____ cerdo _____

CAJA _____ caja _____

CÉSPED _____ césped _____

CARTA _____ carta _____

 CEBRA _____ cebra _____

RELACIONA

LA CASA	la cebra	la casa
EL CERDO	la caja	el cerdo
LA CAJA	el césped	la cebra
EL CÉSPED	la carta	la carta
LA CARTA	el cerdo	el césped
LA CEBRA	la casa	la caja

 ESCRIBE LOS PLURALES...

LA CASA	LAS CASAS
EL CERDO	
LA CAJA	
LA CARTA	

COPIA Y DIBUJA
LA PALABRA ENTERA

LA CASA

_____

EL CERDO

_____

LA CAJA

_____

EL CÉSPED

_____

LA CARTA

_____

LA CEBRA

_____

 LEE Y CONTESTA SÍ O NO ✗

ES UN CERDO

ES UN CERDO

ES UNA CARTA

ES UNA CEBRA

ES UNA CASA

ES UNA CARTA

 ## RODEA LA RESPUESTA

¿CUÁNTAS FRASES ESTABAN MAL?

1   2   3   4   5   6

COMPRENSIÓN LECTORA

HA LLEGADO UNA CARTA POR CORREO.

Ha llegado una carta por correo.

¿QUÉ HA LLEGADO POR CORREO?_____

LA CASA ESTÁ LLENA DE CAJAS.

La casa está llena de cajas.

¿DE QUÉ ESTÁ LLENA LA CASA?_____

EL CERDO VIVE EN LA GRANJA.

El cerdo vive en la granja.

¿QUÉ ANIMAL VIVE EN LA GRANJA?_____

RESUELVE LA SOPA DE LETRAS

Encuentra las 6 palabras escondidas

	1	2	3	4	5	6	7
A	C	C	A	S	A	E	C
B	A	E	N	C	D	Z	É
C	C	A	R	T	A	L	S
D	C	R	P	D	A	S	P
E	A	J	A	C	O	F	E
F	C	E	B	R	A	L	D
G	S	A	U	T	A	V	S

¿QUÉ LETRA SE ENCUENTRA EN LA COORDENADA...?

F-2	LA LETRA E

G-6	LA LETRA _____

A-7	LA LETRA _____

E-5	LA LETRA _____

 # LEE

CON LETRA MAYÚSCULA, CURSIVA Y DE IMPRENTA

LLAVE

llave

llave

RELOJ

reloj

reloj

LAGO

lago

lago

ROSA

rosa

rosa

LOBO

lobo

lobo

RATÓN

ratón

ratón

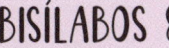 BISÍLABOS 8

 PARTE 1

 PARTE 2

MEMORIZA

SI PUEDES, BUSCA UNA PAREJA CON LA QUE JUGAR

MEMORIZA EL ORDEN DE LOS DIBUJOS

MEMORIZA EL ORDEN DE LAS PALABRAS

LOBO   RELOJ   ROSA

CIERRA LOS OJOS Y DIBUJA CON EL DEDO
LA PALABRA

RATÓN

CIERRA LOS OJOS Y DELETREA LA PALABRA

LLAVE

CIERRA LOS OJOS Y DELETREA AL REVÉS
LA PALABRA

RELOJ

 CONTESTA

RELOJ

LLAVE

¿CUÁL ES LA PRIMERA LETRA?

LAGO

RATÓN

¿CUÁL ES LA TERCERA LETRA?

ROSA

LOBO

PINTA

LAS LETRAS QUE **NO** FORMAN PARTE DE LA PALABRA

L	S	L	A	V	B	E

R	F	O	L	S	L	A

L	Y	O	D	B	V	O

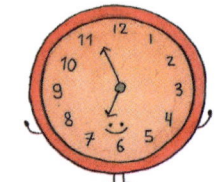

S	R	G	E	L	O	J

J	L	A	T	S	G	O

R	A	D	T	Ó	I	N

 # LEE

Y MARCA LA PALABRA CORRECTA

LLAVE
ALVEL

alvel
llave

ROSA
SAOR

saor
rosa

LOBO
BOLO

lobo
bolo

JOLER
RELOJ

joler
reloj

ALGO
LAGO

algo
lago

RATÓN
TANÓR

ratón
tanór

¡ENCUENTRA A LAS INTRUSAS!

✔ MARCA LAS PALABRAS QUE **NO** QUIERAN DECIR NADA

ALVEL

llave

rosa

saor

joler

LOBO

goal

olbo

RELOJ

lago

RATÓN

TANÓR

COMPLETA

CON LAS LETRAS QUE FALTAN

___LAVE   LO___O   L___GO

RO___A   RELO___   ___ATÓN

 # COPIA

LA PALABRA ENTERA

LLAVE _____   *llave* _____

ROSA _____   *rosa* _____

LOBO _____   *lobo* _____

RELOJ _____   *reloj* _____

LAGO _____   *lago* _____

RATÓN _____   *ratón* _____

RELACIONA

LA LLAVE	el ratón	la rosa
LA ROSA	el lago	la llave
EL LOBO	el reloj	el lobo
EL RELOJ	el lobo	el reloj
EL LAGO	la rosa	el ratón
EL RATÓN	la llave	el lago

ESCRIBE LOS PLURALES...

LA LLAVE	LAS LLAVES
LA ROSA	
EL LOBO	
EL RATÓN	

COPIA Y DIBUJA
LA PALABRA ENTERA

LA LLAVE

_____

LA ROSA

_____

EL LOBO

_____

EL RELOJ

_____

EL LAGO

_____

EL RATÓN

_____

LEE Y CONTESTA SÍ O NO

ES UNA LLAVE

ES UN LAGO

ES UN LAGO

ES UN RATÓN

ES UNA ROSA

ES UN RELOJ

 **RODEA LA RESPUESTA**

¿CUÁNTAS FRASES ESTABAN MAL?

1 2 3 4 5 6

HAY UN MONSTRUO EN EL LAGO.

Hay un monstruo en el lago.

¿DÓNDE HAY UN MONSTRUO?_____

HA PERDIDO LA LLAVE DE CASA.

Ha perdido la llave de casa.

¿QUÉ HA PERDIDO?_____

EL RELOJ MARCA LAS DOCE.

El reloj marca las doce.

¿QUÉ OBJETO MARCA LAS DOCE?_____

RESUELVE LA SOPA DE LETRAS

Encuentra las 6 palabras escondidas

	1	2	3	4	5	6	7
A	L	O	L	H	O	M	R
B	J	L	R	O	S	A	E
C	N	S	A	W	B	Z	L
D	Ó	T	O	V	A	O	O
E	T	O	U	U	E	J	J
F	A	B	L	L	A	G	O
G	R	B	A	N	A	Q	E

¿QUÉ LETRA SE ENCUENTRA EN LA COORDENADA...?

G-5 LA LETRA
A

5-D LA LETRA
_____

B-7 LA LETRA
_____

C-6 LA LETRA
_____